De Zéro à Héro du Dropshipping avec Oberlo :

Maîtriser Oberlo étape par étape

Sébastien JULLIARD-BESSON – Digital Workout 2023

Préface

Je suis ravi de vous présenter ce guide, " De Zéro à Héro du Dropshipping avec Oberlo : Maîtriser Oberlo étape par étape". En tant que professionnel du commerce électronique avec plus de 15 ans d'expérience et chef de projet web, j'ai eu l'occasion de voir et de participer à l'évolution rapide de ce secteur. J'ai vu des entreprises naître, grandir et parfois disparaître, et j'ai appris de chaque expérience.

Mon précédent livre, "De Zéro à Héro du dropshipping avec Shopify : tout savoir pour réussir en 2023", a été un succès et m'a permis de partager mes connaissances avec des milliers de personnes désireuses de se lancer dans le commerce électronique. Cependant, j'ai réalisé qu'il y avait encore beaucoup à dire, en particulier sur l'utilisation d'outils et de plateforme comme Oberlo, un web service puissant qui peut simplifier et optimiser le processus de dropshipping.

Dans ce tutoriel, j'ai rassemblé toutes mes connaissances et mon expérience pour vous aider à comprendre et à maîtriser Oberlo. Que vous soyez un débutant complet ou que vous ayez déjà une certaine expérience du dropshipping, ce guide vous fournira des informations précieuses et des conseils pratiques pour réussir.

Le monde du commerce électronique est en constante évolution, et il est essentiel de rester à jour et de continuer à apprendre. J'espère que ce guide vous aidera à naviguer dans le paysage du dropshipping et à construire une entreprise prospère.

Je vous souhaite une lecture enrichissante et un grand succès dans vos projets de dropshipping,

Sébastien JULLIARD-BESSON

Chapitre 1 : Introduction au dropshipping et à Oberlo

1. Qu'est-ce que le dropshipping ?

Le dropshipping, également connu sous le nom de "livraison directe" en français, est un système de distribution tripartite qui a révolutionné le monde du commerce électronique. Il s'agit d'un modèle d'affaires qui permet à un individu ou à une entreprise de fonctionner comme un intermédiaire entre le client et le fournisseur. Le revendeur n'a pas besoin de stocker les produits qu'il vend, ce qui réduit considérablement les coûts d'exploitation.

a. Origines et développement du dropshipping

Le concept de dropshipping est né aux États-Unis et au Canada, et il a rapidement gagné en popularité en raison de sa simplicité et de sa rentabilité. En français, on parle de "livraison directe" ou d'"expédition directe". Le concept signifie "vendre ce qu'on ne possède pas". Autrement dit, celui qui fait du dropshipping est l'intermédiaire entre le client (demandeur, acheteur, etc.) et le fournisseur (usine, grossiste, revendeur, etc.).

b. Comment fonctionne le dropshipping ?

Dans le modèle de dropshipping, un produit est choisi chez un fournisseur (le grossiste) et mis en vente dans la boutique par le revendeur (le commerçant). Un client vient sur la boutique et achète un article. Il paye directement à la boutique. Le revendeur se connecte à l'interface web du fournisseur et lui transmet la commande de son client (quels produits, quelles quantités, l'adresse de livraison, etc.). Le revendeur paye le fournisseur, lequel va livrer directement le client sans se dévoiler ; le client n'a aucun moyen de savoir que le produit n'est pas passé par le revendeur.

c. Avantages et inconvénients du dropshipping

Le dropshipping possède divers avantages et inconvénients, que ce soit du point de vue des fabricants et fournisseurs, que de celui des e-commerçants référençant leurs offres. La nature même du dropshipping laisse le revendeur, et surtout le client, plus vulnérable que le fournisseur dans cette relation commerciale à trois parties, d'autant plus que la loi en France reconnaît le revendeur seul responsable du processus de la commande.

d. Le dropshipping en France et dans le monde

Le dropshipping est très développé aux États-Unis. 33 % des web-marchands américains utilisaient ce réseau de distribution en 2002. 53,3 % des e-commerçants ayant leur siège social dans ce pays ont eu recours en 2013 au dropshipping. La moyenne de leurs expéditions par ce système était de 17,66 % de leur produit. 5 % de ces e-commerçants réalisent jusqu'à 90 % de leurs expéditions.

En France, la revente de livres numériques par les libraires est un exemple de dropshipping : les libraires affichent sur leur site tous les titres disponibles à un instant donné et, une fois la commande de leur client validée et payée, font suivre la requête au distributeur chargé d'acheminer les fichiers. Généralement, le distributeur renvoie non pas les fichiers eux-mêmes, mais des URL d'accès unique.

e. Conclusion

Le dropshipping est un modèle d'affaires qui a révolutionné le monde du commerce électronique. Il offre de nombreux avantages, notamment la réduction des coûts d'exploitation et la possibilité de proposer une large gamme de produits sans avoir à gérer les stocks. Cependant, il présente également des inconvénients, notamment la vulnérabilité du revendeur et du client dans la relation commerciale à trois parties. Malgré ces défis, le dropshipping continue de gagner en popularité et est utilisé par un nombre croissant de commerçants dans le monde entier.

2. Le dropshipping et le commerce électronique

Le dropshipping a joué un rôle majeur dans la croissance du commerce électronique. En éliminant la nécessité pour les revendeurs de stocker physiquement les produits, il a permis à de nombreuses petites entreprises de se lancer dans le commerce électronique avec un investissement initial minimal.

a. Le rôle du dropshipping dans le commerce électronique

Le dropshipping a permis à de nombreuses petites entreprises de se lancer dans le commerce électronique sans avoir à investir dans un stock de produits. Cela a permis à ces entreprises de se concentrer sur la création d'un site web attrayant et convivial, sur le marketing et sur le service à la clientèle, plutôt que sur la logistique de la gestion des stocks.

De plus, le dropshipping a permis aux entreprises de proposer une large gamme de produits sans avoir à se soucier de la gestion des stocks. Cela a permis aux entreprises de se concentrer sur la vente de produits qui sont en demande, plutôt que sur la gestion des stocks de produits qui ne se vendent pas.

b. Les défis du dropshipping dans le commerce électronique

Bien que le dropshipping offre de nombreux avantages, il présente également des défis. L'un des principaux défis est la gestion de la relation avec le fournisseur. Comme le revendeur ne contrôle pas directement l'inventaire, il doit s'appuyer sur le fournisseur pour assurer la livraison en temps opportun des produits. Si le fournisseur ne parvient pas à livrer les produits à temps, cela peut entraîner des retards de livraison, ce qui peut entraîner une insatisfaction du client.

Un autre défi est la gestion des retours de produits. Comme le revendeur ne contrôle pas directement l'inventaire, il doit s'appuyer sur le fournisseur pour gérer les retours de produits. Si le fournisseur ne gère pas correctement les retours, cela peut entraîner une insatisfaction du client.

c. Conclusion

Malgré ces défis, le dropshipping continue de jouer un rôle majeur dans le commerce électronique. Avec une bonne gestion de la relation avec le fournisseur et une bonne gestion des retours de produits, le dropshipping peut être un modèle d'affaires très rentable pour les entreprises de commerce électronique.

3. Le dropshipping et l'avenir du commerce électronique

Alors que le commerce électronique continue de croître, le dropshipping continuera probablement à jouer un rôle majeur. Avec l'évolution de la technologie et l'augmentation de la demande pour le commerce électronique, le dropshipping pourrait devenir encore plus important à l'avenir.

a. L'avenir du dropshipping

Avec l'évolution de la technologie, le dropshipping pourrait devenir encore plus efficace à l'avenir. Par exemple, l'intelligence artificielle pourrait être utilisée pour automatiser davantage le processus de dropshipping, ce qui pourrait rendre le processus encore plus efficace.

De plus, avec l'augmentation de la demande pour le commerce électronique, le dropshipping pourrait devenir encore plus important à l'avenir. Comme de plus en plus de personnes se tournent vers le commerce électronique pour leurs achats, la demande pour le dropshipping pourrait augmenter.

b. Les défis futurs du dropshipping

Bien que le dropshipping offre de nombreuses opportunités, il présente également des défis. L'un des principaux défis sera de maintenir une bonne relation avec les fournisseurs. Comme le revendeur dépend du fournisseur pour la livraison des produits, il est essentiel de maintenir une bonne relation avec le fournisseur.

Un autre défi sera de gérer les retours de produits. Comme le revendeur ne contrôle pas directement l'inventaire, il doit s'appuyer sur le fournisseur pour gérer les retours de produits. Si le fournisseur ne gère pas correctement les retours, cela peut entraîner une insatisfaction du client.

c. Conclusion

Malgré ces défis, l'avenir du dropshipping semble prometteur. Avec l'évolution de la technologie et l'augmentation de la demande pour le commerce électronique, le dropshipping pourrait devenir encore plus important à l'avenir. Cependant, pour réussir dans le dropshipping, il sera essentiel de maintenir une bonne relation avec les fournisseurs et de gérer efficacement les retours de produits.

4. Présentation d'Oberlo

Oberlo est une application de dropshipping qui a révolutionné le monde du commerce électronique. Disponible uniquement sur Shopify, elle offre une solution simplifiée pour importer des produits depuis AliExpress directement dans votre boutique en ligne.

a. Origines et développement d'Oberlo

Oberlo a été fondée en 2015 par Tomas Šlimas et Tomas Kacevicius, deux entrepreneurs lituaniens qui ont identifié une opportunité de simplifier le processus de dropshipping pour les propriétaires de boutiques en ligne. En 2017, Shopify a acquis Oberlo, renforçant ainsi son offre de services pour les entrepreneurs du commerce électronique. L'idée était de créer un modèle dans lequel les futurs vendeurs n'auraient qu'à insérer les photos et les descriptions de leurs produits pour avoir un magasin en ligne. L'objectif était de simplifier le processus qui prenait des mois en 2004 pour qu'il puisse être réalisé en environ 20 minutes.

b. Fonctionnement d'Oberlo

Oberlo agit comme un intermédiaire entre votre boutique Shopify et AliExpress. Lorsqu'un client passe une commande dans votre boutique, Oberlo automatise le processus d'achat du produit auprès du fournisseur sur AliExpress et organise l'expédition directe au client. Cela élimine le besoin pour vous de gérer les stocks ou l'expédition, vous permettant de vous concentrer sur la croissance de votre entreprise.

c. Avantages d'Oberlo

Oberlo offre de nombreux avantages pour les propriétaires de boutiques en ligne. Tout d'abord, il simplifie considérablement le processus de dropshipping, ce qui permet même aux entrepreneurs novices de se lancer dans le commerce électronique. De plus, Oberlo offre une intégration transparente avec Shopify, ce qui facilite la gestion de votre boutique. Enfin, Oberlo offre un accès à une vaste gamme de produits sur AliExpress, vous permettant de diversifier facilement votre offre.

En utilisant Oberlo avec Shopify, vous pouvez lancer votre entreprise de dropshipping avec des coûts minimaux. Vous n'avez pas besoin d'investir dans un espace d'entreposage des stocks et vous n'avez pas à payer les produits tant que vous ne les avez pas vendus. De plus, Oberlo vous permet de tester de nouveaux produits, fournisseurs et canaux de vente avec un risque minimal.

Cela vous permet de trouver les produits qui fonctionnent le mieux pour vous et votre entreprise.

d. Limitations d'Oberlo

Bien qu'Oberlo offre de nombreux avantages, il présente également certaines limitations. Par exemple, il est uniquement disponible sur Shopify, ce qui peut être un inconvénient pour les propriétaires de boutiques qui utilisent d'autres plateformes de commerce électronique. De plus, bien qu'Oberlo facilite l'importation de produits depuis AliExpress, il ne garantit pas la qualité des produits ou la fiabilité des fournisseurs.

e. Ressources supplémentaires d'Oberlo

Oberlo propose également une variété de ressources pour aider les entrepreneurs à réussir. Par exemple, ils offrent des articles de blog sur des sujets tels que la croissance organique sur Instagram, des idées pour générer des revenus passifs, et des podcasts motivants pour libérer votre potentiel. Ces ressources peuvent être utiles pour les propriétaires de boutiques qui cherchent à améliorer leurs compétences en marketing et en gestion d'entreprise.

En outre, Oberlo propose une "académie virtuelle" appelée Level Up, qui offre des cours pour les futurs PDG. Ces cours peuvent être une excellente ressource pour ceux qui cherchent à approfondir leurs connaissances sur le commerce électronique et le dropshipping.

f. Vendre à l'international avec Oberlo

Oberlo vous permet également de développer votre activité en vendant à des clients du monde entier. De nombreux fournisseurs de dropshipping proposent leurs services d'entreposage de produits et de traitement des commandes dans des centres disséminés dans le monde entier. Cela signifie que vous pouvez vendre vos produits à des clients internationaux sans avoir à vous soucier de la logistique.

g. Conclusion

Oberlo est un outil puissant pour les entrepreneurs du commerce électronique qui souhaitent se lancer dans le dropshipping. En simplifiant le processus d'importation de produits et en automatisant l'expédition, il permet aux propriétaires de boutiques de se concentrer sur ce qu'ils font de mieux : vendre des produits et développer leur entreprise. Que vous soyez un entrepreneur novice ou expérimenté, Oberlo a quelque chose à offrir pour vous aider à réussir dans le monde du commerce électronique.

D'accord, je vais rédiger un texte sur le sous-chapitre "Création d'un compte Oberlo". Pour cela, je vais utiliser mes connaissances et je vais également rechercher des informations sur différents sites internet pour m'assurer que le contenu est précis et à jour. Voici le texte :

Chapitre 2 : Comment configurer Oberlo

1. Création d'un compte Oberlo

Oberlo est une application qui facilite grandement le processus de dropshipping. Elle permet d'importer facilement des produits depuis AliExpress vers votre boutique en ligne Shopify. Cependant, avant de pouvoir utiliser toutes les fonctionnalités d'Oberlo, vous devez d'abord créer un compte. Dans ce chapitre, nous allons vous guider à travers les étapes de la création d'un compte Oberlo.

a. Étape 1 : Visitez le site Web d'Oberlo

La première étape pour créer un compte Oberlo est de visiter le site Web d'Oberlo. Vous pouvez le faire en tapant "www.oberlo.com" dans la barre d'adresse de votre navigateur. Une fois que vous êtes sur le site Web d'Oberlo, vous verrez un bouton "Get Oberlo Now". Cliquez sur ce bouton pour commencer le processus d'inscription.

b. Étape 2 : Inscription

Après avoir cliqué sur le bouton "Get Oberlo Now", vous serez redirigé vers une page d'inscription. Sur cette page, vous devrez fournir quelques informations pour créer votre compte. Ces informations incluent votre adresse e-mail, votre nom complet et un mot de passe. Assurez-vous de fournir une adresse e-mail valide, car vous devrez la vérifier plus tard. De plus, choisissez un mot de passe fort pour protéger votre compte.

c. Étape 3 : Vérification de l'adresse e-mail

Une fois que vous avez fourni toutes les informations nécessaires et cliqué sur le bouton "Create account", Oberlo vous enverra un e-mail de vérification à l'adresse e-mail que vous avez fourni. Ouvrez cet e-mail et cliquez sur le lien de vérification pour vérifier votre adresse e-mail. Cette étape est importante pour assurer la sécurité de votre compte.

d. Étape 4 : Configuration du compte

Après avoir vérifié votre adresse e-mail, vous pouvez maintenant vous connecter à votre compte Oberlo. Lors de votre première connexion, Oberlo vous guidera à travers un processus de configuration de base. Cela comprend la configuration de votre boutique en ligne Shopify et l'installation de l'extension Chrome Oberlo. Ces étapes seront abordées plus en détail dans les chapitres suivants.

e. Conclusion

La création d'un compte Oberlo est un processus simple et direct. Une fois que vous avez créé votre compte, vous pouvez commencer à utiliser Oberlo pour faciliter votre processus de dropshipping. Dans les chapitres suivants, nous vous guiderons à travers les autres aspects de l'utilisation d'Oberlo, y compris la configuration de votre boutique en ligne, la recherche de produits à vendre, et la gestion de vos commandes et de vos stocks.

2. Configuration de votre boutique en ligne

La configuration de votre boutique en ligne est une étape cruciale dans le processus de dropshipping avec Oberlo. C'est à ce stade que vous définissez l'apparence de votre boutique, les produits que vous vendez et comment vous interagissez avec vos clients. Dans ce chapitre, nous allons vous guider à travers les étapes essentielles pour configurer votre boutique en ligne avec Oberlo.

a. Création de votre boutique Shopify

Avant de pouvoir utiliser Oberlo, vous devez d'abord créer une boutique Shopify. Shopify est une plateforme de commerce électronique qui vous permet de créer votre propre boutique en ligne sans avoir besoin de compétences en codage. Pour créer une boutique Shopify, suivez ces étapes :

1. Allez sur le site de Shopify et cliquez sur "Commencer".

2. Entrez votre adresse e-mail, créez un mot de passe et donnez un nom à votre boutique.

3. Remplissez les informations demandées par Shopify, comme votre nom, votre adresse et votre numéro de téléphone.

4. Une fois que vous avez terminé, cliquez sur "Entrer dans ma boutique".

b. Installation d'Oberlo sur votre boutique Shopify

Maintenant que vous avez créé votre boutique Shopify, vous pouvez installer Oberlo. Oberlo est une application qui se connecte à votre boutique Shopify et vous permet d'importer facilement des produits depuis AliExpress. Pour installer Oberlo, suivez ces étapes :

1. Dans votre tableau de bord Shopify, allez dans la section "Applications".

2. Cliquez sur "Visiter la boutique d'applications de Shopify".

3. Dans la barre de recherche, tapez "Oberlo" et appuyez sur Entrée.

4. Cliquez sur "Ajouter une application" et suivez les instructions pour installer Oberlo.

c. Configuration de votre boutique

Une fois Oberlo installé, vous pouvez commencer à configurer votre boutique. Voici quelques éléments clés à prendre en compte lors de la configuration de votre boutique :

i. *Choix des produits*
L'un des premiers aspects de la configuration de votre boutique est le choix des produits que vous allez vendre. Avec Oberlo, vous pouvez importer des produits directement depuis AliExpress. Lorsque vous choisissez des produits, pensez à votre public cible et à ce qu'il pourrait vouloir acheter.

ii. *Design de la boutique*
Le design de votre boutique est également crucial. Vous voulez que votre boutique soit attrayante et facile à naviguer pour vos clients. Shopify propose de nombreux thèmes que vous pouvez utiliser, et vous pouvez également personnaliser ces thèmes pour qu'ils correspondent à votre marque.

iii. *Configuration des paiements*
Vous devez également configurer vos options de paiement. Shopify prend en charge de nombreux fournisseurs de paiement différents, donc vous devriez être en mesure de trouver une option qui fonctionne pour vous et vos clients.

iv. *Configuration de l'expédition*
Enfin, vous devez configurer vos options d'expédition. Avec Oberlo, vous pouvez facilement définir vos tarifs d'expédition et choisir comment vous voulez expédier vos produits.

d. Conclusion

La configuration de votre boutique en ligne est une étape essentielle pour réussir dans le dropshipping avec Oberlo. En prenant le temps de bien configurer votre boutique, vous pouvez vous assurer que vous êtes prêt à commencer à vendre des produits et à faire des bénéfices.

Pour plus d'informations sur la configuration de votre boutique en ligne avec Oberlo, consultez les ressources suivantes :

- Le guide de Shopify sur la configuration de votre boutique : https://help.shopify.com/fr/manual/online-store/os/setting-up

- Le guide d'Oberlo sur l'importation de produits depuis AliExpress : https://www.oberlo.fr/blog/comment-configurer-une-boutique-shopify

- Le guide de Codeur Tuto sur la configuration de votre boutique en ligne avec Oberlo : https://www.codeur.com/tuto/shopify/creer-site-dropshipping-ecommerce-oberlo

3. Installation de l'extension Chrome Oberlo

L'extension Chrome Oberlo est un outil essentiel pour quiconque souhaite utiliser Oberlo pour le dropshipping. Elle permet d'importer facilement des produits depuis AliExpress directement dans votre boutique Shopify. Dans ce chapitre, nous allons vous guider à travers les étapes de l'installation de cette extension.

a. Pourquoi installer l'extension Chrome Oberlo ?

Avant de plonger dans le processus d'installation, il est important de comprendre pourquoi vous devriez installer l'extension Chrome Oberlo. Cette extension est un outil puissant qui vous permet d'importer des produits depuis AliExpress en un seul clic. Elle vous fait gagner du temps en automatisant le processus d'importation de produits, ce qui vous permet de vous concentrer sur d'autres aspects de votre entreprise de dropshipping.

b. Comment installer l'extension Chrome Oberlo ?

i. *Ouvrez le Chrome Web Store*

Commencez par ouvrir le Chrome Web Store dans votre navigateur Google Chrome. Vous pouvez le faire en tapant "Chrome Web Store" dans la barre de recherche de Google et en cliquant sur le premier résultat, ou en allant directement à l'adresse :

chrome.google.com/webstore](https://chrome.google.com/webstore

ii. *Recherchez l'extension Oberlo*

Une fois que vous êtes dans le Chrome Web Store, tapez "Oberlo" dans la barre de recherche en haut à gauche de la page. Cela vous mènera à la page de l'extension Oberlo.

iii. *Installez l'extension*

Sur la page de l'extension Oberlo, cliquez sur le bouton "Ajouter à Chrome" situé en haut à droite. Une fenêtre pop-up apparaîtra, vous demandant de confirmer l'installation. Cliquez sur "Ajouter l'extension" pour confirmer.

iv. *Vérifiez que l'extension est installée*

Une fois l'extension installée, vous devriez voir une icône Oberlo apparaître dans la barre d'outils de votre navigateur, à côté de la barre d'adresse. Si vous voyez cette icône, cela signifie que l'extension a été installée avec succès.

c. Comment utiliser l'extension Chrome Oberlo ?

Maintenant que vous avez installé l'extension, il est temps d'apprendre à l'utiliser. Lorsque vous naviguez sur AliExpress, vous verrez une icône Oberlo en haut à droite de chaque produit. En cliquant sur cette icône, le produit sera automatiquement ajouté à votre liste d'importation Oberlo. Vous pouvez ensuite aller dans votre compte Oberlo et importer ces produits dans votre boutique Shopify.

d. Conclusion

L'installation de l'extension Chrome Oberlo est une étape essentielle pour optimiser votre expérience de dropshipping avec Oberlo. Elle vous permet d'importer des produits depuis AliExpress de manière efficace et rapide, vous laissant plus de temps pour vous concentrer sur la croissance de votre entreprise.

Chapitre 3 : Comment trouver des produits à vendre avec Oberlo

1. Utilisation de l'outil de recherche de produits Oberlo

L'outil de recherche de produits Oberlo est une fonctionnalité clé qui facilite grandement le processus de dropshipping. Il permet aux utilisateurs de découvrir et d'ajouter des produits à leur boutique en ligne directement depuis la plateforme Oberlo. Cet outil est conçu pour aider les entrepreneurs à trouver les produits les plus vendus et les plus populaires sur AliExpress, en se basant sur des critères tels que le volume de commandes, les évaluations des clients, et bien d'autres.

a. Comment utiliser l'outil de recherche de produits Oberlo

i. Accéder à l'outil de recherche de produits

Pour accéder à l'outil de recherche de produits, vous devez d'abord vous connecter à votre compte Oberlo. Une fois connecté, cliquez sur "Find Products" dans le menu de gauche. Vous serez alors redirigé vers la page de recherche de produits, qui est le cœur de l'outil de recherche de produits Oberlo.

ii. Recherche de produits

L'outil de recherche de produits offre plusieurs options pour trouver les produits qui correspondent le mieux à votre boutique. Vous pouvez rechercher des produits par mot-clé, catégorie, prix, volume de commandes, et plus encore. Ces filtres vous permettent d'affiner votre recherche et de trouver les produits qui correspondent le mieux à votre niche. Par exemple, si vous vendez des vêtements pour femmes, vous pouvez utiliser l'outil de recherche pour trouver des produits populaires dans cette catégorie.

iii. *Analyse des produits*

Une fois que vous avez trouvé un produit qui vous intéresse, cliquez sur le produit pour accéder à sa page de détails. Ici, vous pouvez voir plus d'informations sur le produit, y compris le prix, le nombre de commandes, les évaluations, et plus encore. Ces informations sont essentielles pour évaluer si le produit est approprié pour votre boutique. Par exemple, un produit avec un grand nombre de commandes et des évaluations positives est probablement un bon choix pour votre boutique.

iv. *Ajout de produits à votre liste d'importation*

Lorsque vous avez trouvé un produit que vous souhaitez vendre, cliquez sur "Add to Import List". Le produit sera alors ajouté à votre liste d'importation, où vous pourrez le personnaliser avant de l'ajouter à votre boutique. Vous pouvez modifier le titre du produit, la description, les images, et plus encore pour rendre le produit plus attrayant pour vos clients.

b. Conclusion

L'outil de recherche de produits Oberlo est un outil puissant qui peut aider à simplifier le processus de recherche et d'ajout de produits à votre boutique en ligne. En utilisant cet outil, vous pouvez trouver des produits de qualité, évaluer leur potentiel de vente, et les ajouter facilement à votre boutique. C'est un outil essentiel pour tout entrepreneur qui souhaite réussir dans le dropshipping.

2. Sélection de produits à vendre : comment choisir les meilleurs produits sur AliExpress et les ajouter à votre liste d'importation Oberlo

a. Comprendre le marché et le public cible

Avant de commencer à sélectionner des produits sur AliExpress, il est essentiel de comprendre le marché et le public cible de votre boutique en ligne. Cela vous aidera à choisir des produits qui répondent aux besoins et aux désirs de vos clients potentiels. Vous pouvez utiliser des outils comme Google Trends, Keyword Planner et les médias sociaux pour analyser les tendances du marché et les préférences des consommateurs.

b. Recherche de produits sur AliExpress

AliExpress est une plateforme de commerce électronique qui propose une large gamme de produits. Pour trouver les meilleurs produits à vendre, vous pouvez utiliser les filtres de recherche d'AliExpress, tels que la catégorie de produit, le prix, le nombre de commandes, et les évaluations des produits. Il est recommandé de choisir des produits avec un grand nombre de commandes et des évaluations positives, car cela indique que ces produits sont populaires et de bonne qualité.

c. Évaluation des fournisseurs

En plus de choisir les bons produits, il est également important d'évaluer les fournisseurs sur AliExpress. Vous pouvez le faire en vérifiant les évaluations des fournisseurs, le nombre de ventes, et les commentaires des clients. Il est préférable de choisir des fournisseurs avec des évaluations élevées et des commentaires positifs pour assurer la qualité des produits et un bon service client.

d. Prérequis pour l'importation de produits

Avant de commencer l'importation de vos produits, vous devez utiliser le navigateur internet Google Chrome. Grâce à ce navigateur, vous pourrez utiliser l'extension Oberlo. Cette extension vous permettra de procéder à l'importation des produits que vous voulez depuis le site AliExpress.

e. Choix des variantes de vos produits

Il se peut que le produit ait plein d'autres variantes que vous ne souhaitez pas forcément vendre à vos clients. Par exemple, vous pouvez décider de ne vendre tel objet qu'en trois couleurs et non cinq, ou alors que dans certaines tailles. Si vous voulez choisir de garder ou non la variante d'un produit, il vous suffit d'aller sur la page tableau de bord Oberlo, aller dans import list, sélectionner le produit que vous voulez vendre et cliquer sur variantes. Vous pourrez alors voir toutes les variantes existantes pour votre produit. Enfin, l'étape finale : décochez ou recochez celles qui vous conviennent.

f. Importation des produits Aliexpress sur Shopify depuis Oberlo

Allez sur votre tableau de bord d'Oberlo puis dans import list. Pour l'import d'un produit à la fois : cliquez sur le bouton "importer dans boutique" à gauche de votre produit. Pour l'import de tous les produits que vous venez d'ajouter dans votre liste, cliquez sur "Tout importer dans boutique". Vos produits seront maintenant disponibles dans l'espace produits de votre compte Shopify.

g. Choix de nouveaux produits

Un des gros avantages de l'application Oberlo est qu'il vous aide à trouver de nouveaux bons fournisseurs. Vous n'avez même pas besoin de passer par Aliexpress pour le faire. Vous pouvez directement aller sur Oberlo, et cliquer sur rechercher produits. Oberlo se charge de vous montrer les meilleurs fournisseurs de qualité pour le nom du produit que vous venez de renseigner.

h. Commande automatique des produits

Lorsqu'un client commande un de vos produits sur votre boutique en ligne, vous n'avez plus besoin de le commander manuellement. Allez dans "Manager orders", là, Oberlo prendra la main et vous verrez sous vos yeux les coordonnées du client être saisies. C'est assez impressionnant pour une simple extension.

En suivant ces étapes, vous serez en mesure de choisir les meilleurs produits sur AliExpress et de les ajouter à votre liste d'importation Oberlo de manière efficace et organisée.

Chapitre 4 : Comment ajouter des produits à votre boutique avec Oberlo

1. Ajout de produits à votre boutique : comment utiliser Oberlo pour importer vos produits sélectionnés sur votre Shopify

L'ajout de produits à votre boutique en ligne est une étape cruciale dans la mise en place de votre entreprise de dropshipping. Avec Oberlo, ce processus est simplifié, vous permettant d'importer facilement des produits depuis AliExpress vers votre boutique Shopify. Dans ce chapitre, nous allons explorer comment utiliser Oberlo pour ajouter des produits à votre boutique.

a. Installation de l'extension Oberlo

Avant de pouvoir ajouter des produits à votre boutique, vous devez installer l'extension Oberlo sur votre navigateur Chrome. Cette extension facilite l'importation de produits depuis AliExpress. Pour installer l'extension, rendez-vous sur le Chrome Web Store, recherchez "Oberlo" et cliquez sur "Ajouter à Chrome". Une fois l'extension installée, vous verrez une icône Oberlo dans la barre d'outils de votre navigateur.

b. Recherche de produits sur AliExpress

Avec l'extension Oberlo installée, vous pouvez maintenant commencer à rechercher des produits sur AliExpress. Lorsque vous trouvez un produit que vous souhaitez vendre, cliquez sur l'icône Oberlo pour l'ajouter à votre liste d'importation. Vous pouvez ajouter autant de produits que vous le souhaitez à votre liste d'importation.

c. Importation de produits dans votre boutique Shopify

Une fois que vous avez ajouté des produits à votre liste d'importation, vous pouvez les importer dans votre boutique Shopify. Pour ce faire, ouvrez votre tableau de bord Oberlo et cliquez sur "Import List". Vous verrez tous les produits que vous avez ajoutés à partir d'AliExpress. Pour chaque produit, vous pouvez modifier les informations du produit, y compris le titre, la description, les images et le prix. Une fois que vous avez terminé de personnaliser les informations du produit, cliquez sur "Import to store" pour ajouter le produit à votre boutique Shopify.

d. Personnalisation des informations du produit

Il est important de personnaliser les informations du produit pour qu'elles correspondent à l'image de marque de votre boutique. Vous pouvez modifier le titre du produit pour qu'il soit plus attrayant et descriptif. Vous pouvez également rédiger une description de produit unique qui met en valeur les caractéristiques et les avantages du produit. De plus, vous pouvez ajuster le prix du produit en fonction de votre stratégie de tarification. Enfin, vous pouvez choisir les images du produit que vous souhaitez afficher dans votre boutique.

e. Conclusion

L'ajout de produits à votre boutique est une étape essentielle dans la création de votre entreprise de dropshipping. Avec Oberlo, vous pouvez facilement importer des produits depuis AliExpress et les personnaliser pour qu'ils correspondent à l'image de marque de votre boutique. En suivant ces étapes, vous pouvez ajouter une variété de produits à votre boutique et commencer à vendre.

2. Personnalisation des descriptions de produits : comment modifier les paramètres du produit

La personnalisation des descriptions de produits est une étape cruciale dans la configuration de votre boutique en ligne avec Oberlo. Elle vous permet de modifier les paramètres du produit, y compris le titre, les variantes, la tarification, la description et les images, afin de rendre vos produits plus attrayants pour vos clients potentiels.

a. Modification du titre du produit

Le titre du produit est l'un des premiers éléments que vos clients verront lorsqu'ils parcourront votre boutique. Il est donc important de le rendre aussi descriptif et attrayant que possible. Pour modifier le titre d'un produit dans Oberlo, allez dans votre liste d'importation, cliquez sur le produit que vous souhaitez modifier, puis cliquez sur le champ "Titre du produit". Vous pouvez alors saisir le nouveau titre que vous souhaitez utiliser.

b. Modification des variantes du produit

Les variantes de produits vous permettent de proposer différentes versions d'un même produit, par exemple différentes tailles, couleurs ou matériaux. Pour modifier les variantes d'un produit dans Oberlo, allez dans votre liste d'importation, cliquez sur le produit que vous souhaitez modifier, puis cliquez sur l'onglet "Variantes". Vous pouvez alors ajouter, supprimer ou modifier les variantes de votre produit.

c. Modification de la tarification du produit

La tarification de vos produits est un élément clé de votre stratégie de vente. Pour modifier la tarification d'un produit dans Oberlo, allez dans votre liste d'importation, cliquez sur le produit que vous souhaitez modifier, puis cliquez sur le champ "Prix". Vous pouvez alors saisir le nouveau prix que vous souhaitez utiliser.

d. Modification de la description du produit**

La description du produit est l'occasion de donner à vos clients toutes les informations dont ils ont besoin sur le produit. Pour modifier la description d'un produit dans Oberlo, allez dans votre liste d'importation, cliquez sur le produit que vous souhaitez modifier, puis cliquez sur le champ "Description". Vous pouvez alors saisir la nouvelle description que vous souhaitez utiliser.

e. Modification des images du produit**

Les images de produits sont un élément essentiel pour attirer l'attention de vos clients. Pour modifier les images d'un produit dans Oberlo, allez dans votre liste d'importation, cliquez sur le produit que vous souhaitez modifier, puis cliquez sur l'onglet "Images". Vous pouvez alors ajouter, supprimer ou modifier les images de votre produit.

f. Conclusion

La personnalisation des descriptions de produits est une étape essentielle pour rendre vos produits attrayants pour vos clients. En prenant le temps de bien configurer chaque aspect de vos produits, vous pouvez augmenter vos chances de réussir dans le dropshipping avec Oberlo.

Chapitre 5 : Gestion des stocks avec Oberlo

1. Comment Oberlo met à jour automatiquement le catalogue des produits en fonction des stocks disponibles chez le fournisseur

Dans le monde du dropshipping, la gestion des stocks est un aspect crucial de l'entreprise. Avec Oberlo, cette tâche est grandement simplifiée grâce à sa fonction d'actualisation automatique des stocks. Cette fonctionnalité permet aux dropshippers de maintenir leur catalogue de produits à jour en fonction des stocks disponibles chez le fournisseur. Dans ce chapitre, nous allons explorer comment Oberlo met à jour automatiquement le catalogue des produits.

a. Comment fonctionne l'actualisation automatique des stocks d'Oberlo ?

Oberlo utilise une technologie avancée pour suivre les stocks de vos fournisseurs en temps réel. Lorsqu'un produit est en rupture de stock ou n'est plus disponible chez le fournisseur, Oberlo met à jour automatiquement les informations sur votre boutique en ligne.

i. Mise à jour des stocks

Oberlo vérifie régulièrement les stocks de vos fournisseurs. Si un produit est en rupture de stock chez le fournisseur, Oberlo met à jour votre boutique en conséquence. Vous pouvez choisir de masquer automatiquement les produits en rupture de stock de votre boutique ou de les laisser visibles avec une mention "en rupture de stock".

Oberlo suit également les variantes de produits. Si une variante spécifique d'un produit (par exemple, une couleur ou une taille spécifique) n'est plus disponible, Oberlo met à jour les informations de la variante sur votre boutique.

b. Comment activer l'actualisation automatique des stocks sur Oberlo ?

Pour activer l'actualisation automatique des stocks sur Oberlo, vous devez suivre les étapes suivantes :

1. Connectez-vous à votre compte Oberlo.

2. Allez dans "Paramètres".

3. Dans l'onglet "Boutique", recherchez la section "Actualisation automatique des stocks".

4. Activez l'option "Actualiser automatiquement les stocks".

Une fois que vous avez activé cette option, Oberlo commencera à suivre les stocks de vos fournisseurs et à mettre à jour votre boutique en conséquence.

c. Quels sont les avantages de l'actualisation automatique des stocks ?

L'actualisation automatique des stocks offre plusieurs avantages pour les dropshippers :

iii.   Gestion simplifiée des stocks

Avec l'actualisation automatique des stocks, vous n'avez pas à vous soucier de vérifier manuellement les stocks de vos fournisseurs. Oberlo s'en occupe pour vous, vous permettant de vous concentrer sur d'autres aspects de votre entreprise.

iv. *Expérience client améliorée*

En gardant votre catalogue de produits à jour, vous évitez de décevoir vos clients avec des produits en rupture de stock. Cela peut améliorer l'expérience client et augmenter la fidélité de vos clients.

v. *Gain de temps*

L'actualisation automatique des stocks vous fait gagner du temps en éliminant le besoin de vérifier manuellement les stocks de vos fournisseurs. Vous pouvez utiliser ce temps pour vous concentrer sur l'amélioration de votre boutique et l'augmentation de vos ventes.

d. Conclusion

La gestion des stocks est un aspect crucial du dropshipping. Avec Oberlo, cette tâche est grandement simplifiée grâce à l'actualisation automatique des stocks. En gardant votre catalogue de produits à jour, vous pouvez améliorer l'expérience client, gagner du temps et vous concentrer sur l'amélioration de votre boutique.

Chapitre 6 : Gestion des commandes avec Oberlo

1. Comment passer des commandes avec Oberlo : comment utiliser Oberlo pour passer et suivre une commande en automatique

Le dropshipping est un modèle commercial qui permet aux entrepreneurs de démarrer une entreprise en ligne et de vendre des produits à leurs acheteurs sans avoir à stocker les articles eux-mêmes. Oberlo est une application qui facilite grandement ce processus en automatisant de nombreuses tâches. Dans ce chapitre, nous allons nous concentrer sur la manière de passer et de suivre une commande en utilisant Oberlo.

a. Passer une commande avec Oberlo

Une fois que vous avez configuré votre boutique en ligne et que vous avez ajouté des produits à votre boutique via Oberlo, le processus de commande est assez simple. Lorsqu'un client passe une commande dans votre boutique, cette commande apparaît dans le tableau de bord de votre compte Oberlo. Pour passer la commande à votre fournisseur, vous devez suivre ces étapes :

i. *Accédez à votre tableau de bord Oberlo*
Connectez-vous à votre compte Oberlo et accédez à votre tableau de bord.

ii. *Allez à la section "Commandes"*
Dans le menu de gauche, cliquez sur "Commandes". Vous verrez une liste de toutes les commandes passées par vos clients.

iii.   Passez la commande à votre fournisseur

À côté de chaque commande, il y a un bouton "Commander des produits". Cliquez sur ce bouton et Oberlo passera automatiquement la commande à votre fournisseur.

b. Suivre une commande avec Oberlo

Oberlo facilite également le suivi des commandes. Une fois que vous avez passé une commande à votre fournisseur, vous pouvez suivre son statut dans Oberlo. Voici comment :

i.   Accédez à la section "Commandes"

Comme pour passer une commande, allez à la section "Commandes" de votre tableau de bord Oberlo.

ii.   Trouvez la commande que vous voulez suivre

Dans la liste des commandes, trouvez la commande que vous voulez suivre.

iii.   Vérifiez le statut de la commande

À côté de chaque commande, il y a une colonne "Statut". Le statut de la commande peut être "Non commandé", "Commandé", "En cours de traitement", "Expédié" ou "Livré". Cela vous permet de savoir où en est la commande.

iv.   Suivez le numéro de suivi

Lorsqu'une commande est expédiée, un numéro de suivi est généralement fourni. Vous pouvez cliquer sur le bouton "Track Order" pour voir le code de suivi.

En utilisant Oberlo pour passer et suivre vos commandes, vous pouvez automatiser une grande partie du processus de dropshipping, vous laissant plus de temps pour vous concentrer sur d'autres aspects de votre entreprise, comme le marketing et le service à la clientèle.

2. Suivi des commandes : comment synchroniser vos commandes avec Oberlo pour obtenir le numéro de suivi de la commande

Dans le monde du dropshipping, le suivi des commandes est une étape cruciale qui permet aux propriétaires de boutiques en ligne de garder une trace de leurs commandes et d'offrir à leurs clients des informations précises sur l'état de leur commande. Oberlo, une application de dropshipping populaire, offre une fonctionnalité qui permet de synchroniser automatiquement les commandes avec les numéros de suivi. Dans ce chapitre, nous allons explorer comment utiliser cette fonctionnalité pour améliorer l'efficacité de votre entreprise de dropshipping.

a. Synchronisation automatique des numéros de suivi

L'un des principaux avantages d'Oberlo est sa capacité à synchroniser automatiquement les numéros de suivi des commandes. Lorsqu'une commande est marquée comme expédiée sur AliExpress, le numéro de suivi est automatiquement synchronisé avec Oberlo. Cela signifie que vous n'avez pas à passer par le processus fastidieux de copier et coller manuellement les numéros de suivi pour chaque commande.

Pour utiliser cette fonctionnalité, vous devez d'abord vous assurer que votre compte Oberlo est correctement configuré pour synchroniser les numéros de suivi. Vous pouvez le faire en allant dans les paramètres de votre compte Oberlo et en vérifiant que l'option de synchronisation des numéros de suivi est activée.

b. Suivi des commandes en temps réel

En plus de la synchronisation automatique des numéros de suivi, Oberlo offre également la possibilité de suivre les commandes en temps réel. Cela signifie que vous pouvez voir exactement où se trouve une commande à un moment donné, ce qui peut être très utile pour répondre aux questions des clients sur l'état de leur commande.

Pour accéder à cette fonctionnalité, vous devez aller dans l'onglet "Commandes" de votre compte Oberlo. Ici, vous verrez une liste de toutes vos commandes, avec des informations détaillées sur chaque commande, y compris le numéro de suivi. En cliquant sur le numéro de suivi, vous serez redirigé vers le site web du transporteur, où vous pourrez voir les informations de suivi en temps réel.

c. Migration depuis d'autres plateformes

Si vous utilisez actuellement une autre plateforme de dropshipping comme Dropified ou ShopMaster, il est possible de migrer facilement vers Oberlo. Cela peut être particulièrement utile si vous souhaitez bénéficier des fonctionnalités de suivi des commandes d'Oberlo.

La migration vers Oberlo peut généralement être réalisée en quelques étapes simples. Tout d'abord, vous devez exporter vos données de produit de votre plateforme actuelle. Ensuite, vous pouvez importer ces données dans Oberlo en utilisant l'outil d'importation de produits d'Oberlo. Une fois que vos produits sont importés, vous pouvez commencer à utiliser Oberlo pour gérer vos commandes et synchroniser vos numéros de suivi.

d. Conclusion

Le suivi des commandes est une partie essentielle de la gestion d'une entreprise de dropshipping réussie. Avec Oberlo, vous pouvez facilement synchroniser vos commandes avec les numéros de suivi, vous permettant de garder une trace précise de l'état de vos commandes et d'offrir à vos clients des informations de suivi en temps réel. Que vous soyez nouveau dans le dropshipping ou que vous cherchiez à améliorer vos processus existants, l'utilisation d'Oberlo pour le suivi des commandes peut vous aider à gérer votre entreprise plus efficacement.

Chapitre 7 : Conseils pour réussir avec Oberlo et le dropshipping

1. Meilleures pratiques pour le dropshipping

a. Comprendre votre marché cible

La première étape pour réussir dans le dropshipping est de comprendre votre marché cible. Vous devez savoir qui sont vos clients, quels sont leurs besoins et comment vous pouvez les satisfaire. Cela vous aidera à choisir les bons produits à vendre et à créer des stratégies de marketing efficaces.

b. Choisir les bons produits

Le choix des produits à vendre est crucial pour le succès de votre entreprise de dropshipping. Vous devez choisir des produits qui sont en demande, mais qui ne sont pas trop compétitifs. Oberlo peut vous aider à trouver ces produits grâce à son outil de recherche de produits.

c. Fournir un excellent service client

Le service client est un aspect souvent négligé du dropshipping, mais il est essentiel pour fidéliser les clients. Vous devez être réactif, résoudre rapidement les problèmes et toujours mettre les besoins des clients en premier.

d. Utiliser le SEO pour attirer du trafic

Le SEO (Search Engine Optimization) est une stratégie de marketing essentielle pour attirer du trafic vers votre boutique en ligne. Vous devez optimiser votre site pour les moteurs de recherche en utilisant des mots-clés pertinents, en créant du contenu de qualité et en obtenant des liens retour de sites de confiance.

e. Optimiser votre site pour les conversions

Il ne suffit pas d'attirer du trafic vers votre site, vous devez également le convertir en ventes. Pour cela, vous devez optimiser votre site pour les conversions. Cela peut inclure l'utilisation de photos de produits de haute qualité, la création de descriptions de produits convaincantes et l'offre de plusieurs options de paiement.

f. Gérer efficacement les stocks et les commandes

La gestion des stocks et des commandes peut être un défi dans le dropshipping, mais Oberlo facilite ce processus. L'application met à jour automatiquement le catalogue des produits en fonction des stocks disponibles chez le fournisseur et vous permet de passer et de suivre les commandes en automatique.

g. Analyser et ajuster votre stratégie

Enfin, vous devez constamment analyser vos performances et ajuster votre stratégie en conséquence. Utilisez des outils d'analyse pour suivre vos ventes, votre trafic et d'autres indicateurs clés de performance. Ensuite, utilisez ces informations pour améliorer vos produits, votre marketing et d'autres aspects de votre entreprise.

En suivant ces meilleures pratiques, vous pouvez augmenter vos chances de réussir dans le dropshipping avec Oberlo.

2. Comment optimiser votre boutique pour augmenter les ventes

L'optimisation de votre boutique en ligne est une étape essentielle pour augmenter vos ventes et réussir dans le dropshipping avec Oberlo. Cela comprend une multitude d'aspects, allant de l'amélioration de l'expérience utilisateur à la mise en œuvre de stratégies de marketing efficaces.

a. Amélioration de l'expérience utilisateur

i. *Design de la boutique*
Un design attrayant et professionnel peut grandement améliorer l'expérience utilisateur. Il est important que votre boutique soit facile à naviguer, avec des catégories de produits clairement définies et une fonction de recherche efficace. L'utilisation d'images de haute qualité pour vos produits et des descriptions détaillées et précises sont également essentielles pour attirer et retenir les clients.

ii. *Optimisation pour les mobiles*
Avec l'augmentation du commerce mobile, il est essentiel que votre boutique soit optimisée pour les appareils mobiles. Cela signifie que votre site doit être réactif, c'est-à-dire qu'il doit s'adapter automatiquement à la taille de l'écran de l'utilisateur.

b. Stratégies de marketing

i. *SEO*
Le référencement (SEO) est une stratégie de marketing essentielle pour augmenter la visibilité de votre boutique en ligne. Cela implique l'utilisation de mots-clés pertinents dans vos titres de produits, descriptions et balises méta pour améliorer votre classement dans les résultats de recherche.

ii. *Publicité sur les réseaux sociaux*

La publicité sur les réseaux sociaux peut être un moyen efficace d'attirer plus de clients vers votre boutique. Les plateformes comme Facebook, Instagram et Pinterest peuvent être utilisées pour promouvoir vos produits et attirer plus de trafic vers votre site. L'augmentation organique de votre présence sur Instagram peut être particulièrement bénéfique pour votre boutique.

c. Gestion des stocks et des commandes

i. *Gestion efficace des stocks*

Une gestion efficace des stocks est essentielle pour éviter les ruptures de stock et maintenir la satisfaction des clients. Avec Oberlo, vous pouvez automatiser la mise à jour de vos stocks pour vous assurer que vos produits sont toujours disponibles.

ii. *Suivi des commandes*

Le suivi des commandes est une autre fonctionnalité importante d'Oberlo qui peut aider à améliorer l'expérience client. En fournissant à vos clients des informations de suivi précises, vous pouvez augmenter leur confiance et leur satisfaction.

d. Conclusion

L'optimisation de votre boutique en ligne est un processus continu qui nécessite une attention constante. En mettant en œuvre ces conseils et en utilisant efficacement Oberlo, vous pouvez augmenter vos ventes et réussir dans le dropshipping.

3. Les avantages et les inconvénients d'Oberlo, ainsi que ses différents forfaits

Oberlo est une application de dropshipping populaire qui facilite l'importation de produits depuis AliExpress vers votre boutique e-commerce. Cependant, comme tout outil, Oberlo a ses avantages et ses inconvénients. De plus, il propose différents forfaits qui peuvent répondre à divers besoins et budgets. Dans ce sous-chapitre, nous allons explorer ces aspects en détail pour vous aider à comprendre comment maximiser les avantages d'Oberlo et minimiser ses inconvénients.

a. Avantages d'Oberlo

i. Facilité d'utilisation

L'un des principaux avantages d'Oberlo est sa facilité d'utilisation. L'interface utilisateur est intuitive et facile à naviguer, même pour les débutants. Que vous recherchiez des produits à ajouter à votre boutique ou que vous gériez vos commandes, Oberlo rend ces tâches simples et directes.

ii. Intégration avec Shopify

Oberlo est une application exclusive à Shopify, ce qui signifie qu'elle s'intègre parfaitement à votre boutique Shopify. Cela facilite la gestion de votre boutique et de vos produits, car vous pouvez tout faire depuis un seul endroit.

iii. Mise à jour automatique des stocks

Oberlo met à jour automatiquement le catalogue des produits en fonction des stocks disponibles chez le fournisseur. Cela signifie que vous n'avez pas à vous soucier de vendre des produits qui ne sont plus en stock chez le fournisseur.

b. Inconvénients d'Oberlo

i. Limité à Shopify

L'un des principaux inconvénients d'Oberlo est qu'il est uniquement disponible sur Shopify. Si vous préférez utiliser une autre plateforme de commerce électronique, vous ne pourrez pas utiliser Oberlo.

ii. Dépendance à AliExpress

Oberlo dépend fortement d'AliExpress pour l'approvisionnement en produits. Si vous souhaitez diversifier vos fournisseurs ou si vous rencontrez des problèmes avec AliExpress, cela peut poser problème.

c. Forfaits Oberlo

Oberlo propose un plan gratuit et un plan payant à 29.90$ par mois. Si vous payez, vous aurez accès à l'intégralité des fonctionnalités de l'application. Si votre boutique possède plus de 500 produits, vous devrez obligatoirement passer à la version payante.

d. Conclusion

Oberlo est un outil puissant pour le dropshipping, mais il est important de comprendre ses avantages et ses inconvénients pour en tirer le meilleur parti. De plus, en fonction de vos besoins et de votre budget, vous devrez choisir le forfait Oberlo qui vous convient le mieux.

Chapitre 8 : Conclusion

1. Récapitulatif des étapes clés

a. Introduction au dropshipping et à Oberlo

Le dropshipping est un modèle d'affaires dans lequel vous vendez des produits sans les avoir en stock. Au lieu de cela, lorsque vous vendez un produit, vous l'achetez auprès d'un tiers qui l'expédie directement au client. Oberlo est une application disponible uniquement sur Shopify qui facilite l'importation de produits depuis AliExpress vers votre boutique e-commerce.

b. Configuration d'Oberlo

La première étape pour utiliser Oberlo est de créer un compte et de configurer votre boutique en ligne. Cela implique de choisir un nom pour votre boutique, de configurer vos paramètres de paiement et d'expédition, et d'installer l'extension Chrome Oberlo.

c. Trouver des produits à vendre avec Oberlo

Une fois que vous avez configuré votre boutique, vous pouvez commencer à chercher des produits à vendre. Oberlo dispose d'un outil de recherche de produits qui vous permet de parcourir les produits disponibles sur AliExpress. Lorsque vous trouvez un produit que vous souhaitez vendre, vous pouvez l'ajouter à votre liste d'importation Oberlo.

d. Ajouter des produits à votre boutique avec Oberlo

Après avoir sélectionné des produits à vendre, vous pouvez les ajouter à votre boutique. Oberlo facilite ce processus en important automatiquement les informations sur le produit de AliExpress. Vous pouvez ensuite personnaliser les descriptions de produits, y compris le titre, les variantes, la tarification, la description et les images.

e. Gestion des stocks et des commandes avec Oberlo

Oberlo met à jour automatiquement le catalogue des produits en fonction des stocks disponibles chez le fournisseur. Lorsqu'un client passe une commande, Oberlo passe automatiquement la commande au fournisseur qui expédie le produit directement au client. Vous pouvez suivre le statut de la commande dans votre tableau de bord Oberlo.

f. Conseils pour réussir avec Oberlo et le dropshipping

Pour réussir avec Oberlo et le dropshipping, il est important d'optimiser votre boutique pour augmenter les ventes. Cela peut impliquer de tester différents produits, de perfectionner vos descriptions de produits, et de promouvoir votre boutique à travers divers canaux de marketing. Il est également important de comprendre les avantages et les inconvénients d'Oberlo, ainsi que ses différents forfaits.

En résumé, Oberlo est un outil puissant qui peut faciliter le processus de dropshipping. En suivant ces étapes clés, vous pouvez créer une boutique de dropshipping réussie et commencer à vendre des produits en ligne.

2. C'est à vous de jouer !

Au cours de ce tutoriel, nous avons exploré en profondeur le monde du dropshipping et comment Oberlo peut faciliter ce processus. Nous avons commencé par une introduction au dropshipping et à Oberlo, en expliquant ce qu'ils sont et comment ils fonctionnent ensemble. Ensuite, nous avons appris à configurer Oberlo, à trouver des produits à vendre, à ajouter ces produits à votre boutique, à gérer les stocks et les commandes, et enfin, nous avons partagé des conseils pour réussir avec Oberlo et le dropshipping.

a. Le moment est venu de commencer

Maintenant que vous avez toutes les informations nécessaires, il est temps de passer à l'action. Le dropshipping est une excellente opportunité pour ceux qui cherchent à se lancer dans le commerce électronique sans les contraintes de la gestion des stocks. Oberlo, en tant qu'outil, facilite grandement ce processus en vous permettant de trouver, d'importer et de gérer facilement les produits de votre boutique.

b. La peur de l'échec

Il est normal d'avoir peur de l'échec, surtout lorsque vous vous lancez dans quelque chose de nouveau. Cependant, n'oubliez pas que chaque échec est une occasion d'apprendre et de grandir. Le dropshipping n'est pas une exception. Vous ferez des erreurs, mais chaque erreur est une occasion d'apprendre et de s'améliorer.

c. La patience est la clé

Le succès dans le dropshipping ne vient pas du jour au lendemain. Il faut du temps pour trouver les bons produits, pour comprendre votre marché cible, pour optimiser votre boutique et pour développer des stratégies marketing efficaces. Soyez patient et persévérant.

d. Ressources supplémentaires

N'oubliez pas que vous n'êtes pas seul dans ce voyage. Il existe de nombreuses ressources en ligne, y compris des forums, des blogs, des vidéos YouTube, et même des groupes sur les réseaux sociaux, où vous pouvez trouver des conseils, des astuces et du soutien.

e. Conclusion

Le dropshipping avec Oberlo est une aventure passionnante et potentiellement lucrative. Avec les connaissances et les outils que vous avez maintenant, vous êtes bien équipé pour commencer. N'oubliez pas, le succès vient à ceux qui sont prêts à apprendre, à s'adapter et à persévérer. Alors, lancez-vous et commencez votre voyage dans le dropshipping aujourd'hui !

Glossaire

1. **Dropshipping** : Modèle d'affaires où le détaillant ne garde pas les produits en stock mais transfère les commandes des clients au fabricant ou à un autre détaillant.

2. **Oberlo** : Une application disponible uniquement sur Shopify qui facilite l'importation de produits depuis AliExpress vers votre boutique e-commerce.

3. **Shopify** : Plateforme de commerce électronique permettant de créer une boutique en ligne et de vendre des produits.

4. **AliExpress** : Une plateforme de vente en ligne basée en Chine qui propose des produits à des prix de gros et permet l'expédition directe.

5. **Niche** : Segment spécifique du marché, caractérisé par un groupe cible particulier ou un produit spécialisé.

6. **Fournisseur de dropshipping** : Entreprise qui produit et/ou stocke des produits, puis les expédie directement au client au nom du détaillant de dropshipping.

7. **SEO** (Search Engine Optimization) : Techniques utilisées pour améliorer le classement d'un site web dans les résultats de recherche des moteurs de recherche.

8. **Google Analytics** : Service gratuit de Google qui permet de suivre et de rapporter le trafic d'un site web.

9. **Facebook Pixel** : Code placé sur un site web pour suivre les conversions des publicités Facebook, créer des audiences pour les futures publicités et remarketer les personnes qui ont déjà effectué une action sur le site web.

10. **Marketing par e-mail** : Forme de marketing direct qui utilise le courrier électronique pour promouvoir les produits ou services d'une entreprise.

11. **Marketing d'influence** : Forme de marketing social qui utilise des endorsements et des mentions de produit de personnes qui ont un niveau dédié de suivi social.

12. **Service client** : Assistance et conseils qu'une entreprise fournit à ceux qui achètent ou utilisent ses produits ou services.

13. **Valeur moyenne des commandes** (AOV) : Moyenne du montant total dépensé chaque fois qu'un client passe une commande sur un site web ou une application mobile.

14. **Taux de conversion** : Pourcentage de visiteurs d'un site web qui accomplissent l'action désirée.

15. **Remarketing** : Stratégie de marketing qui cible les personnes qui ont déjà visité votre site web mais qui n'ont pas effectué l'action souhaitée.

16. **Tendances du dropshipping** : Changements et évolutions dans le monde du dropshipping qui peuvent affecter la façon dont vous gérez votre entreprise.

17. **Paiement en ligne** : Transaction effectuée par le biais d'Internet qui implique l'échange de fonds électroniques.

18. **Expédition** : Processus d'envoi de marchandises du fournisseur au client.

19. **Thème Shopify** : Modèle de design pour les boutiques Shopify.

20. **Optimisation de la boutique** : Processus d'amélioration de l'efficacité et de l'efficience de la boutique en ligne.

21. **Google Ads** : Plateforme publicitaire en ligne où les annonceurs paient pour afficher des annonces, des annonces de service, des produits, des vidéos, etc.

22. **Facebook Ads** : Plateforme publicitaire qui permet aux entreprises de créer des annonces ciblées pour atteindre différents publics.

23. **Instagram Ads** : Publicités qui apparaissent sur Instagram et qui peuvent être ciblées en fonction de divers facteurs démographiques et comportementaux.

24. **Publicité payante** : Forme de publicité où les entreprises paient pour afficher leurs annonces sur différentes plateformes.

25. **Retours** : Processus par lequel les clients renvoient les produits qu'ils ont achetés.

26. **Remboursements** : Retour d'argent à un client suite à un retour de produit ou à une insatisfaction.

27. **Avis des clients** : Feedback laissé par les clients sur les produits ou services qu'ils ont achetés.

28. **Upselling** : Technique de vente où le vendeur incite le client à acheter un produit plus cher, une mise à niveau ou un autre article pour rendre la vente plus rentable.

29. **Cross-selling** : Technique de vente où le vendeur incite le client à acheter des produits complémentaires ou connexes.

30. **Analyse des performances** : Processus d'évaluation de l'efficacité et de l'efficience d'une entreprise.

31. **Gestion de la croissance** : Stratégies et pratiques visant à gérer et à soutenir la croissance d'une entreprise.

32. **Tendances du marché** : Mouvements et évolutions du marché qui peuvent affecter une entreprise.

33. **Stratégie de marketing** : Plan d'action conçu pour promouvoir et vendre des produits ou services.

34. **Marketing sur les réseaux sociaux** : Utilisation des plateformes de médias sociaux pour promouvoir un produit ou un service.

35. **Politique de retour** : Règles et procédures établies par une entreprise pour gérer le retour des produits par les clients.

36. **Gestion des remboursements** : Processus de retour d'argent à un client suite à un retour de produit ou à une insatisfaction.

37. **Gestion des avis des clients** : Processus de collecte, de gestion et de réponse aux avis laissés par les clients.

38. **Inventaire** : Quantité totale de biens et/ou de matériaux qu'une entreprise a en stock à un moment donné.

39. **Produits à forte marge** : Produits qui génèrent une marge bénéficiaire élevée par rapport à leur coût.

40. **Produits à faible marge** : Produits qui génèrent une marge bénéficiaire faible par rapport à leur coût.

41. **Produits tendance** : Produits qui sont actuellement populaires ou à la mode.

42. **Produits saisonniers** : Produits qui sont populaires ou en demande pendant certaines saisons ou périodes de l'année.

43. **Produits intemporels** : Produits qui maintiennent leur popularité et leur demande au fil du temps, indépendamment des tendances ou des saisons.

44. **Produits de niche** : Produits qui sont destinés à servir un segment de marché spécifique ou un groupe cible.

45. **Produits de masse** : Produits qui sont destinés à servir un large public ou un grand segment de marché.

46. **B2B** (Business to Business) : Transactions commerciales entre deux entreprises, comme entre un fabricant et un grossiste, ou entre un grossiste et un détaillant.

47. **B2C** (Business to Consumer) : Transactions commerciales entre une entreprise et un consommateur final.

48. **C2C** (Consumer to Consumer) : Transactions commerciales entre deux consommateurs, généralement facilitées par une plateforme tierce.

49. **E-commerce** : Activité d'achat ou de vente de biens ou de services en ligne.

50. **M-commerce** : Achat et vente de biens et de services à travers des appareils mobiles sans fil.

51. **Logistique** : Gestion de l'entreposage et de la distribution de biens.

52. **Frais de port** : Coût associé à l'expédition d'un article d'un endroit à un autre.

53. **Livraison gratuite** : Service d'expédition où l'entreprise absorbe les frais de port, de sorte que le client n'a pas à payer pour l'expédition.

54. **Livraison express** : Service d'expédition rapide qui garantit la livraison des produits dans un délai plus court que la livraison standard.

55. **Livraison standard** : Service d'expédition qui n'offre pas de livraison rapide, mais qui est généralement moins cher que la livraison express.

56. **Livraison différée** : Service d'expédition où le client choisit une date de livraison future.

57. **Livraison en point relais** : Service d'expédition où le client récupère sa commande dans un lieu spécifique plutôt que de se faire livrer à domicile.

58. **Livraison à domicile** : Service d'expédition où les produits sont livrés directement à la résidence du client.

59. **Click and Collect** : Service où les clients peuvent acheter des produits en ligne et les récupérer en magasin.

60. **Marketplace** : Plateforme en ligne où les produits de différents vendeurs sont vendus.

61. **Prestataire de services de paiement** : Entreprise qui fournit des services de traitement des paiements en ligne aux marchands.

62. **Paiement sécurisé** : Paiement effectué par le biais d'un système qui protège les informations de la carte de crédit et autres données sensibles.

63. **Paiement en plusieurs fois** : Option de paiement qui permet aux clients de payer pour leurs achats en plusieurs versements sur une période.

64. **Paiement à la livraison** : Option de paiement où le client paie pour les produits au moment de la livraison.

65. **Paiement à la commande** : Option de paiement où le client paie pour les produits au moment de passer la commande.

66. **Paiement différé** : Option de paiement qui permet aux clients de recevoir un produit avant de le payer.

67. **Carte de crédit** : Moyen de paiement qui permet aux titulaires de payer des biens et des services sur la base du titulaire ayant promis de payer pour eux.

68. **Paypal** : Service de paiement en ligne qui permet aux individus et aux entreprises de transférer des fonds électroniquement.

69. **Virement bancaire** : Transfert de fonds d'un compte bancaire à un autre.

70. **Chèque** : Document qui ordonne à une banque de payer une somme spécifique d'un compte du rédacteur du chèque à une personne ou à une entreprise.

71. **Cryptomonnaie** : Type de monnaie numérique qui utilise la cryptographie pour sécuriser les transactions et contrôler la création de nouvelles unités.

72. **Panier d'achat** : Interface sur un site web de commerce électronique qui permet aux utilisateurs de placer des articles qu'ils souhaitent acheter.

73. **Page de produit** : Page sur un site web de commerce électronique qui donne des détails sur un produit spécifique.

74. **Page d'accueil** : Première page qu'un visiteur voit lorsqu'il arrive sur un site web.

75. **Page de catégorie** : Page sur un site web de commerce électronique qui affiche une liste de produits d'une certaine catégorie.

76. **Page de contact** : Page sur un site web qui fournit des informations sur la façon de contacter l'entreprise.

77. **Page "A propos"** : Page sur un site web qui donne des informations sur l'entreprise.

78. **Blog** : Section d'un site web qui contient des articles, généralement écrits par l'entreprise ou le propriétaire du site web.

79. **Newsletter** : Bulletin d'information régulier envoyé par e-mail aux abonnés.

80. **Pop-up** : Type de fenêtre qui s'ouvre sans l'interaction de l'utilisateur lorsqu'il visite un site web.

81. **Bannière** : Grand panneau publicitaire placé sur un site web.

82. **Slider** : Élément graphique qui affiche plusieurs éléments (généralement des images) dans une séquence rotative.

83. **Footer** : Section en bas de la page d'un site web qui contient généralement des informations telles que les coordonnées de l'entreprise, les liens vers les politiques de l'entreprise, etc.

84. **Header** : Section en haut de la page d'un site web qui contient généralement le logo de l'entreprise, le menu de navigation, etc.

85. **Menu de navigation** : Barre de menu ou liste de liens qui aide les visiteurs à naviguer sur un site web.

86. **Filtres de recherche** : Outils qui aident les utilisateurs à affiner leurs résultats de recherche sur un site web.

87. **Moteur de recherche interne** : Outil qui permet aux utilisateurs de rechercher du contenu spécifique sur un site web.

88. **Chat en ligne** : Service qui permet aux utilisateurs de communiquer en temps réel sur un site web.

89. **FAQ** (Foire Aux Questions) : Page sur un site web qui contient des réponses à des questions couramment posées.

90. **CGV** (Conditions Générales de Vente) : Document qui définit les termes et conditions sous lesquels une entreprise vend ses produits ou services à ses clients.

91. **Mentions légales** : Informations requises par la loi à fournir sur un site web, généralement concernant l'identité de l'entreprise, les conditions d'utilisation du site, etc.

92. **Politique de confidentialité** : Document qui explique comment une entreprise recueille, utilise et gère les données des utilisateurs.

93. **Cookies** : Petits fichiers de données stockés sur l'ordinateur d'un utilisateur par un site web, généralement utilisés pour suivre les préférences de l'utilisateur et les activités de navigation.

94. **Back-office** : Partie d'un système d'information d'entreprise qui est utilisée pour gérer les opérations qui ne sont pas directement liées aux clients, comme la gestion des stocks et des commandes.

95. **Front-office** : Partie d'un système d'information d'entreprise qui gère les interactions directes avec les clients, comme le site web de l'entreprise et le service client.

96. **CMS** (Content Management System) : Logiciel qui permet aux utilisateurs de créer, de gérer et de modifier le contenu d'un site web sans avoir besoin de connaissances techniques spécialisées.

97. **CRM** (Customer Relationship Management) : Logiciel qui aide les entreprises à gérer et à analyser les interactions avec leurs clients.

98. **ERP** (Enterprise Resource Planning) : Logiciel qui aide les entreprises à gérer et à intégrer les parties importantes de leur entreprise.

99. **PIM** (Product Information Management) : Logiciel qui aide les entreprises à gérer toutes les informations nécessaires pour commercialiser et vendre des produits.

100.   **DMP** (Data Management Platform) : Plateforme qui collecte, organise et active les données provenant de différentes sources.

101.   **KPI** (Key Performance Indicator) : Mesure utilisée pour évaluer le succès d'une organisation ou d'une activité particulière.

Déjà paru

1. *De Zéro à Héro du Dropshipping avec Shopify : tout ce que vous devez savoir pour réussir en 2023*

A paraitre prochainement

1. Tutoriel sur l'utilisation de Spocket pour trouver des fournisseurs de dropshipping
2. Tutoriel sur l'utilisation de Google Analytics pour le suivi des performances
3. Tutoriel sur l'utilisation de Facebook Ads Manager pour la publicité payante
4. Tutoriel sur l'utilisation de Google Ads pour la publicité payante
5. Tutoriel sur l'utilisation de Instagram Shopping pour le marketing sur les réseaux sociaux
6. Tutoriel sur l'utilisation de Mailchimp pour le marketing par e-mail
7. Tutoriel sur l'utilisation de Klaviyo pour le marketing par e-mail
8. Tutoriel sur l'utilisation de Hootsuite pour le marketing sur les réseaux sociaux
9. Tutoriel sur l'utilisation de Buffer pour le marketing sur les réseaux sociaux
10. Tutoriel sur l'utilisation de Yoast SEO pour l'optimisation du référencement
11. Tutoriel sur l'utilisation de SEMrush pour l'optimisation du référencement
12. Tutoriel sur l'utilisation de Tidio ou Zendesk pour le service client
13. Tutoriel sur l'utilisation de LiveChat pour le service client
14. Tutoriel sur l'utilisation de Aftership pour la gestion des retours
15. Tutoriel sur l'utilisation de Returnly pour la gestion des retours
16. Tutoriel sur l'utilisation de Yotpo pour la gestion des avis clients
17. Tutoriel sur l'utilisation de Trustpilot pour la gestion des avis clients
18. Tutoriel sur l'utilisation de Google Trends pour rester à jour avec les tendances du dropshipping
19. Tutoriel sur l'utilisation de Jungle Scout pour la recherche de produits
20. Tutoriel sur l'utilisation de Canva pour la création de contenu visuel
21. Tutoriel sur l'utilisation de Unbounce pour la création de pages de destination